The Silent Promise And Other Bilingual Danish-English Stories

Pomme Bilingual

Published by Pomme Bilingual, 2024.

While every precaution has been taken in the preparation of this book, the publisher assumes no responsibility for errors or omissions, or for damages resulting from the use of the information contained herein.

THE SILENT PROMISE AND OTHER BILINGUAL DANISH-ENGLISH STORIES

First edition. November 7, 2024.

ISBN: 979-8227378019

Written by Pomme Bilingual.

Table of Contents

Aftenens Hemmelighed

I en lille, fredfyldt landsby i Danmark boede Elisabeth, en pensioneret skolelærer, i et gammelt bindingsværkshus omgivet af vilde blomster og et stort æbletræ, som bøjede sig ned mod jorden under vægten af sine frugter. Efter et langt og tilfredsstillende liv som lærer havde Elisabeth nu fundet glæde i en ny rutine: hun begyndte at invitere sine naboer til aften-te.

Det var en idé, som var vokset frem langsomt. Elisabeth havde altid været glad for samvær og havde savnet sine elever og det daglige liv i klasselokalet. Nu længtes hun efter det samme fællesskab, men på en ny måde. Hun havde fundet gamle tekrus, som engang havde tilhørt hendes mor, og hun glædede sig over at se dem blive brugt igen. Hver aften bød hun sine gæster velkommen med et mildt smil og en kop varm te.

Det var et lille samfund, og snart begyndte folk at snakke om Elisabeths aften-te. Rygtet spredte sig, og flere af landsbyens indbyggere fandt vej til hendes dør. Blandt dem var gamle Morten, der havde været fisker i mange år; Else, der tidligere havde arbejdet på posthuset; og Karen, en yngre kvinde, der var nytilflyttet og håbede at få en forbindelse til lokalsamfundet.

Hver aften kom de ind, tog plads ved hendes gamle spisebord, og stille faldt samtalen på minder fra fortiden og små historier fra deres liv. Elisabeth lyttede opmærksomt, mens hun hældte mere te op og delte småkager ud. Hun opdagede hurtigt, at hver person, der kom ind gennem hendes dør, bar på sin egen lille hemmelighed.

En aften fortalte Morten, med et glimt i øjet, om en nat, hvor han havde fanget en fisk så stor, at han stadig havde svært ved at tro på det selv. "Den kunne have været noget fra et eventyr," sagde han, mens de andre lo. Men Elisabeth kunne se noget mere i hans øjne, noget ufortalt, som han havde holdt skjult i årevis.

Senere på aftenen, efter at de fleste var gået, blev Morten siddende lidt længere. Han sukkede, og med blikket rettet mod tekoppen begyndte han at tale i lav stemme. "Jeg fangede ikke fisken alene," hviskede han. "Det var sammen med min bedste ven, Lars. Men... han druknede den aften. Faldt over bord, og jeg kunne ikke redde ham."

Elisabeth lagde blidt en hånd på hans arm og lyttede. Det var første gang, nogen hørte om denne tragedie. Hun sagde ikke meget, men Morten forstod, at hans hemmelighed nu var i sikre hænder.

En anden aften var det Else, der delte sin historie. Hun havde gemt på en kasse med breve fra en gammel flamme, som hun aldrig havde giftet sig med. "Jeg har stadig brevene," sagde hun stille og rødmede. "Jeg kunne ikke lade dem gå." Hendes øjne lyste op, da hun fortalte om de unge dage, hvor hun drømte om eventyr og store kærlighedshistorier. Brevene lå stadig i hendes skab, som et minde om en tid, der aldrig vendte tilbage.

Og så var der Karen, den unge kvinde, der var ny i landsbyen. Til Elisabeths overraskelse afslørede Karen, at hun var flygtet fra et liv i byen, hvor hun følte sig fanget af forventninger og krav. Her i landsbyen håbede hun at finde en ro og frihed, som hun aldrig havde kendt før.

Efterhånden som aftenerne gik, blev Elisabeth mere og mere opslugt af sine naboers historier. Hun indså, at hver af dem, som kom til hendes te-aftener, havde bidraget til landsbyens historie, som om de alle var små stykker i et større puslespil. Hun tænkte på, hvordan de alle, med deres hemmeligheder og minder, var knyttet sammen – både med hende og med hinanden.

En sen aften, da alle var gået hjem, satte Elisabeth sig ved bordet med sin egen kop te. Hun følte sig varm om hjertet, ikke bare på grund af teen, men på grund af de historier, hun havde været vidne til. Hun havde set en dyb menneskelighed i dem alle og mærket en forbindelse, der gik dybere end blot naboer og venskaber.

I de kommende måneder fortsatte hun sine aften-teer. Det blev en tradition, og flere kom til. Sammen skabte de et fællesskab, hvor de kunne dele deres minder og deres håb, og Elisabeth følte, at hun var blevet en del af noget større. Hendes hjem blev et sted, hvor fortiden blev bragt til live, og hvor selv de dybeste hemmeligheder kunne finde en sikker plads.

Elisabeth vidste, at de aldrig ville stoppe med at dele deres historier, og hun glædede sig over, at hendes enkle idé om en aften-te havde ført dem alle sammen.

The Evening's Secret

In a small, peaceful village in Denmark, Elisabeth, a retired schoolteacher, lived in an old half-timbered house surrounded by wildflowers and a large apple tree, its branches weighed down by the fruit. After a long and fulfilling career, Elisabeth had found joy in a new routine: inviting her neighbors over for evening tea.

It was an idea that had grown slowly. Elisabeth had always loved company and missed her students and the daily life in the classroom. Now, she longed for that same sense of community but in a new way. She found her mother's old teacups and delighted in seeing them used again. Each evening, she greeted her guests with a gentle smile and a cup of warm tea.

In this small community, word soon spread about Elisabeth's evening tea gatherings. Rumors circulated, and more villagers began to find their way to her door. Among them were old Morten, a retired fisherman; Else, who had once worked at the post office; and Karen, a younger woman who had recently moved to the village, hoping to connect with the local community.

Every evening, they'd sit at her old dining table, and gradually the conversation would drift toward memories and small stories from their lives. Elisabeth listened attentively, pouring more tea and passing around cookies. She quickly realized that each person who came through her door carried a little secret of their own.

One evening, Morten, with a twinkle in his eye, told a story of a night when he'd caught a fish so big he still found it hard to believe. "It could've been something out of a fairy tale," he said, as the others laughed. But Elisabeth saw something else in his eyes, something unsaid, a memory he'd kept hidden for years.

Later that evening, after most had left, Morten stayed a little longer. He sighed and, with his gaze fixed on his teacup, spoke in a low voice. "I didn't catch the fish alone," he whispered. "I was with my best friend, Lars. But...he drowned that night. He fell overboard, and I couldn't save him."

Elisabeth gently placed a hand on his arm and listened. It was the first time anyone had heard of this tragedy. She didn't say much, but Morten understood that his secret was now safe with her.

Another evening, it was Else's turn to share her story. She confessed to keeping a box of letters from an old flame she had never married. "I still have the letters," she murmured, blushing. "I couldn't let them go." Her eyes sparkled as she spoke of her younger days, when she dreamed of adventure and grand romances. The letters remained in her cupboard, a memory of a time that would never return.

And then there was Karen, the young woman new to the village. To Elisabeth's surprise, Karen revealed that she had fled from city life, where she felt trapped by expectations and demands. Here in the village, she hoped to find a peace and freedom she'd never known before.

As the evenings passed, Elisabeth became more and more absorbed in her neighbors' stories. She realized that each person who attended her tea gatherings had contributed to the village's history, as though they were all small pieces of a larger puzzle. She thought of how they were all connected, through their secrets and memories—not only with her, but with each other.

One late evening, after everyone had gone home, Elisabeth sat alone at the table with her own cup of tea. She felt warmth in her heart, not just from the tea but from the stories she had witnessed. She had seen a deep humanity in each of them and felt a bond that ran deeper than just neighbors or friendships.

In the coming months, her evening teas continued. They became a tradition, with more people joining in. Together, they created a community where they could share their memories and hopes, and Elisabeth felt she was part of something larger. Her home became a place where the past was brought to life, and even the deepest secrets found a safe haven.

Elisabeth knew they would never stop sharing their stories, and she was grateful that her simple idea of evening tea had brought them all together.

Det Tavse Løfte

———

Det var en kold og mørk aften i november 1943, og Johan sad alene på loftet i familiens lille hus i en landsby nær Ålborg. Han kunne høre vinden hyle mod taget og grenene skrabe mod vinduet. I halvmørket sad hans barndomsven, Marie, stille og tavs på en gammel madras, skjult af bunker af tæpper og kasser.

Marie havde søgt tilflugt her i flere uger nu, på flugt fra tyskerne. Hendes familie var blevet taget en nat, hvor de troede, de var i sikkerhed, og kun Marie var sluppet væk. Johan havde fundet hende senere, kold og forladt, med en tom blik i øjnene. Uden tøven havde han ført hende op på loftet i sit barndomshjem. Her skulle hun blive, havde han sagt til hende, her ville hun være tryg.

Deres blik mødtes i mørket, og i det øjeblik blev et tavst løfte givet. Der var ingen ord, ingen store erklæringer, kun en stille forståelse. Johan ville beskytte Marie. Han ville gøre alt, hvad han kunne, for at holde hende i sikkerhed.

Årene gik, og krigen sluttede. Men det tavse løfte og de minder, som krigen havde efterladt, forfulgte Johan. Han blev ældre, giftede sig og fik børn, men der var altid en tung skygge over ham. I stille stunder, når han sad alene, tænkte han på de kolde aftener på loftet og Maries frygtsomme ansigt. Det var, som om hun stadig var der – hendes ånd og de løfter, han aldrig sagde højt.

En dag, mange år senere, sad Johan alene i sin stue med en kop kaffe og så ud over landskabet. Det var en smuk, solrig morgen, og fuglene sang. Men selv nu, efter så mange år, kunne han stadig føle tyngden af de valg, han havde truffet dengang. Han tænkte på, hvordan han havde holdt fast ved sit løfte til Marie, selvom han aldrig havde udtalt det med ord.

I sin stilhed, midt i en verden fyldt med støj og travlhed, havde Johan gjort det eneste, han kunne gøre for Marie – han havde passet på hende. Selv i de øjeblikke, hvor han var bange for, at de ville blive opdaget, havde han ikke svigtet. Deres tavse løfte havde holdt dem sammen i en tid, hvor verden syntes at falde fra hinanden.

Marie havde overlevet krigen, og hun havde til sidst forladt Danmark for at starte et nyt liv i Sverige. Johan havde aldrig set hende igen, men de var for altid bundet sammen af en usynlig tråd – en bånd af tavshed og modstand mod en fjende, der ønskede at knuse dem.

Da Johan satte sin kaffekop fra sig, forstod han pludselig, at løftet havde kostet ham mere, end han nogensinde havde forestillet sig. Ikke kun i den frygt, han havde følt dengang, men i den skyld, han havde båret lige siden. En skyld over dem, han ikke kunne redde, og en tunghed over de ting, han ikke kunne sige højt.

Han indså, at selvom han aldrig havde udtalt det, havde løftet til Marie defineret hele hans liv. Det havde formet ham, og det havde knyttet hans liv til hendes på en måde, som selv tiden ikke kunne slette. I sin stilhed havde han ofret sin egen fred for at give hende friheden tilbage.

Da han rejste sig og gik ud i haven, mærkede han en svag lettelse i hjertet. Han kunne aldrig tage løftet tilbage, og han ville heller ikke. Men for første gang i mange år følte han en form for fred. En erkendelse af, at selvom krigen var ovre, levede de løfter, de alle havde givet, videre. Ikke som en tung skygge, men som en del af den styrke, der havde holdt dem i live.

Johan så ud over markerne og tænkte på Marie. Han håbede, hun havde fundet den frihed og glæde, som krigen havde taget fra dem begge. Og med det, satte han det tavse løfte fri.

The Silent Promise

It was a cold and dark evening in November 1943, and Johan sat alone in the attic of his family's small house in a village near Aalborg. He could hear the wind howling against the roof and branches scratching against the window. In the dim light, his childhood friend, Marie, sat quietly on an old mattress, hidden under layers of blankets and surrounded by stacks of boxes.

Marie had been hiding here for several weeks now, fleeing from the Germans. Her family had been taken one night when they thought they were safe, and only Marie had managed to escape. Johan had found her later, cold and abandoned, with a vacant look in her eyes. Without hesitation, he had led her up to the attic of his childhood home. Here you'll stay, he'd told her, here you'll be safe.

Their eyes met in the darkness, and in that moment, a silent promise was made. There were no words, no grand declarations, just a quiet understanding. Johan would protect Marie. He would do everything he could to keep her safe.

The years passed, and the war ended. But the silent promise and the memories the war left behind haunted Johan. He grew older, married, and had children, but there was always a heavy shadow over him. In quiet moments, when he sat alone, he thought about those cold evenings in the attic and Marie's fearful face. It was as if she were still there—her spirit and the promises he had never spoken out loud.

One day, many years later, Johan sat alone in his living room with a cup of coffee, looking out over the landscape. It was a beautiful, sunny morning, and the birds were singing. But even now, after so many years, he could still feel the weight of the choices he had made back then. He thought about how he had kept his promise to Marie, even though he had never said it in words.

In his silence, amid a world filled with noise and busyness, Johan had done the only thing he could for Marie—he had kept her safe. Even in moments when he feared they would be discovered, he had not wavered. Their silent promise had kept them bound together in a time when the world seemed to be falling apart.

Marie had survived the war and eventually left Denmark to start a new life in Sweden. Johan had never seen her again, but they were forever bound by an invisible thread—a bond of silence and resistance against an enemy that sought to break them.

As Johan set his coffee cup down, he suddenly understood that the promise had cost him more than he had ever imagined. Not just in the fear he'd felt back then, but in the guilt he'd carried ever since. Guilt for those he couldn't save, and the heaviness of the things he couldn't speak aloud.

He realized that although he had never spoken it, the promise to Marie had defined his entire life. It had shaped him, and it had tied his life to hers in a way that even time could not erase. In his silence, he had sacrificed his own peace to give her freedom.

As he stood and walked out into the garden, he felt a faint relief in his heart. He could never take the promise back, and he wouldn't want to. But for the first time in many years, he felt a kind of peace. An understanding that even though the war was over, the promises they all had made still lived on. Not as a heavy shadow, but as a part of the strength that had kept them alive.

Johan looked out over the fields and thought of Marie. He hoped she had found the freedom and joy that the war had taken from them both. And with that, he set the silent promise free.

Blæstens Skygge

Ingrid stod ved sit vindue og stirrede ud over klitterne, som vinden hvirvlede op i lange, snoede former, der dansede hen over det golde landskab. Jyllands kystlinje var barsk og forladt, og på dage som denne føltes det, som om selv naturen holdt sin ånde tilbage, spændt, i forventning om noget ukendt.

Det havde været sådan, lige siden hun flyttede hertil. Hun var kommet til kysten for at finde ro og trøst, men i stedet fandt hun kun ensomhed. Det var her, hun havde tænkt sig at begynde sit liv på ny, at skabe et nyt kapitel, og måske endda at skrive sin næste bog. Men stilheden og vinden førte kun hendes tanker tilbage til det, hun helst ville glemme.

Hendes hjem var simpelt, spartansk. Hun havde valgt det for enkelhedens skyld, men der var øjeblikke, hvor det føltes mere som en celle end et hjem. Væggene var kolde, og rummet fyldt med skygger, som syntes at længes efter lys. Om natten hørte hun vinden skrige som fjerne stemmer, der kæmpede for at blive hørt. Hun kunne ikke lade være med at tænke, at det var skygger fra fortiden, der kom tilbage for at hjemsøge hende.

Der var særligt én nat, én hændelse, som aldrig ville slippe sit tag i hende. En tragisk ulykke, som havde ændret alt og efterladt hende med en smerte, der satte sig fast som kulde i hendes krop. Hun undgik at tænke på det i dagtimerne, men når mørket faldt på, kunne hun ikke flygte fra det.

Ingrid havde besluttet at begynde på en ny bog. Hun sad ved sit skrivebord og stirrede på det tomme papir foran hende, som om det kunne afsløre hendes sjæl. Hun begyndte langsomt, som om ordene var forsigtige skygger, der listede sig frem i ly af mørket.

De første linjer var tunge, som om hvert ord bar på minderne fra den dag, hun havde mistet sin bror. Han var den, der havde forstået hende, den, der altid havde været der for hende. De havde delt hemmeligheder, drømme, og et bånd, der gik dybere end ord. Men han var væk nu, forsvundet i en enkelt, skæbnesvanger bevægelse, da vinden havde fanget sejlet og slået ham omkuld.

Da hun skrev, mærkede hun sin smerte vælte frem, som tidevandet der skyllede ind mod kysten. Det var, som om ordene bragte hende tættere på ham, men også trængte hende dybere ind i det mørke, hun havde undgået. Hendes sorg føltes tung som stenen på stranden, men samtidig let, som blæsten, der rusker livløse grene af træerne.

Dagene gik, og med dem voksede historien på papiret. Den blev som en gammel ven, en hemmelig hvisken i natten, som hun kunne betro sig til. Hendes skrift blev til vindens stemme, som bar hendes sorg og minder ud over havet. Hun begyndte at forstå, at hun måtte konfrontere sit tab for at finde fred. Den skyld, hun havde båret, blev langsomt løsnet, som en knude, der blev forløst.

Hver morgen gik hun en tur langs kysten. Hun så bølgerne slå mod stranden og følte sig som en del af det store, uendelige landskab. Hendes fortid smeltede sammen med nuet, og hun mærkede en form for lethed, hun ikke havde følt i årevis. Som om vinden langsomt tog hendes smerte og spredte den ud over havet.

Da hun til sidst skrev de sidste ord i sin bog, følte Ingrid en sjælden ro. Bogen var ikke blot en historie, men et levn af hendes sorg, et monument for hendes bror, der nu ville leve videre gennem hendes ord. Det var som om, hun havde lukket døren til fortiden og alligevel fundet en måde at holde den med sig.

Blæsten fortsatte med at blæse over kysten, stærk og uophørlig, men nu følte hun den som en ven, snarere end en fjende. Det var vinden, der bar minderne, vinden, der huskede alt, og vinden, der ville hviske hendes historie videre.

Ingrid lukkede sin bog og lod blikket glide ud over horisonten. Hun vidste, at skyggerne aldrig helt ville forsvinde, men de var nu en del af hende, en del af hendes fortælling. Hun havde fundet fred i blæstens skygge.

The Shadow of the Wind

Ingrid stood by her window, gazing out over the dunes, which the wind whirled into long, twisting shapes that danced across the barren landscape. The Jutland coast was rugged and desolate, and on days like this, it felt as if even nature held its breath, tense, in anticipation of the unknown.

It had been this way since she moved here. She'd come to the coast seeking peace and solace, but instead found only solitude. It was here she intended to start her life anew, to create a new chapter, and perhaps even to write her next book. Yet the silence and the wind only carried her thoughts back to what she most wanted to forget.

Her home was simple, sparse. She had chosen it for its simplicity, but there were moments when it felt more like a cell than a home. The walls were cold, and the room filled with shadows that seemed to yearn for light. At night, she heard the wind scream like distant voices struggling to be heard. She couldn't help but think these were shadows of the past, returning to haunt her.

One particular night, one incident, clung to her and would never let go. A tragic accident that had changed everything and left her with a pain that settled deep within her, as cold as ice. She avoided thinking about it during the day, but when darkness fell, she couldn't escape it.

Ingrid had decided to start a new book. She sat at her desk, staring at the blank paper before her, as if it could reveal her soul. She began slowly, as if each word were a cautious shadow sneaking out under cover of darkness.

The first lines were heavy, as if each word carried memories from the day she lost her brother. He was the one who had understood her, the one who had always been there. They had shared secrets, dreams, and a bond that went deeper than words. But he was gone now, taken in a single, fateful instant, when the wind caught the sail and knocked him overboard.

As she wrote, she felt her pain surge forward like the tide crashing against the shore. It was as if the words brought her closer to him, but also drew her deeper into the darkness she had tried to avoid. Her grief felt as heavy as the stones on the beach, but also as light as the wind that stripped lifeless branches from the trees.

The days passed, and with them, the story grew on the paper. It became like an old friend, a secret whisper in the night she could confide in. Her writing became the voice of the wind, carrying her sorrow and memories out over the sea. She began to understand that she had to confront her loss to find peace. The guilt she had carried slowly loosened, like a knot being unraveled.

Every morning, she walked along the coast. She watched the waves crash against the shore and felt herself as part of the vast, endless landscape. Her past melded with the present, and she felt a kind of lightness she hadn't experienced in years. It was as if the wind slowly took her pain and scattered it over the sea.

When she finally wrote the last words of her book, Ingrid felt a rare peace. The book was not just a story, but a relic of her grief, a monument to her brother, who would now live on through her words. It was as if she had closed the door to the past and yet found a way to carry it with her.

The wind continued to blow over the coast, strong and relentless, but now she felt it as a friend rather than a foe. It was the wind that carried memories, the wind that remembered everything, and the wind that would whisper her story onward.

Ingrid closed her book and let her gaze drift over the horizon. She knew the shadows would never entirely disappear, but they were now a part of her, a part of her story. She had found peace in the shadow of the wind.

På Stationen

Mads kiggede på sit armbåndsur og sukkede. Klokken var lidt over syv, og toget til Aarhus var forsinket. Han lænede sig tilbage på bænken på Københavns Hovedbanegård og lod blikket glide hen over perronen. Det var en typisk efterårsaften; luften var kold og fugtig, og han kunne se sin egen ånde, når han trak vejret. Han trak frakken tættere omkring sig og følte en svag uro – en rastløshed, han ikke helt kunne forklare.

Pludselig blev hans tanker afbrudt af en stemme ved siden af ham. "Undskyld, er det her toget til Aarhus?" spurgte en kvinde. Hun var i begyndelsen af trediverne, med kort, krøllet hår og en malertaske over skulderen. Mads nikkede og smilede høfligt.

"Ja, det skulle gerne være her snart – men det ser ud til at være lidt forsinket," svarede han.

Kvinden satte sig ved siden af ham og kiggede ud over sporet. "Det var også typisk," mumlede hun med et smil. "Jeg hedder Emma, for resten."

"Mads," sagde han og rakte hånden frem. De udvekslede et fast håndtryk og blev stille et øjeblik, mens de begge lyttede til lyden af tog i det fjerne og perronens summen af mennesker.

Da toget endelig kom, gik de om bord og fandt pladser ved siden af hinanden. Emma trak sin malertaske op på skødet og åbnede den forsigtigt. Hun begyndte at kigge på nogle skitser, som hun havde lavet tidligere den dag. Mads betragtede hende i stilhed og kunne ikke lade være med at føle sig draget af hendes rolige og ubekymrede væsen.

"Er du kunstner?" spurgte han.

Emma nikkede. "Ja, jeg maler og tegner. Jeg elsker at rejse og fange små øjeblikke fra forskellige steder. Det minder mig om, at selv de mindste detaljer kan være smukke."

Mads smilede og nikkede. "Jeg er ingeniør. Jeg arbejder med bygningskonstruktion, så jeg ser nok verden lidt anderledes – mere struktureret, kan man sige."

Emma grinede let. "Ah, så du skaber strukturen, mens jeg forsøger at se skønheden i den. Det er interessant, hvordan to mennesker kan kigge på den samme ting og se noget helt forskelligt."

Mens toget kørte gennem landskabet, begyndte samtalen at flyde naturligt mellem dem. Mads fortalte om sine barndomsminder fra landet, hvor han altid havde drømt om at bygge noget stort og betydningsfuldt. Emma delte historier fra sine rejser, og de steder, hun havde besøgt, der havde inspireret hendes kunst.

"Har du nogensinde tænkt over, hvordan vi kan møde mennesker, der ændrer os, selv om vi kun kender dem kort?" spurgte Emma, mens hun kiggede ud af vinduet. "Som om de kommer ind i vores liv på det helt rigtige tidspunkt."

Mads tænkte et øjeblik og nikkede. "Måske er det, fordi de ser noget i os, som vi ikke selv kan se. Eller måske får de os til at tænke på vores liv på en ny måde."

Emma smilede eftertænksomt. "Ja, det er sandt. For eksempel nu... Jeg har altid været bange for struktur og orden – jeg har tænkt, at det ville kvæle min frihed som kunstner. Men du får mig til at se, at der også kan være skønhed i strukturen. At den kan give mig ro og stabilitet."

Mads rynkede panden lidt, og han følte sig ramt af hendes ord. Han havde selv haft en trang til kontrol og orden i sit liv – som om strukturen i hans arbejde og hans hverdag gav ham en form for tryghed. Men i Emmas fortællinger om frihed og kunst fandt han noget, han ikke havde tænkt over før.

"Jeg tror, du har ret," sagde han langsomt. "Måske er vi nogle gange nødt til at give slip og bare lade tingene ske. Måske er det i de små, tilfældige møder, at vi virkelig lærer noget om os selv."

Toget rullede videre mod Aarhus, og de to delte flere historier og refleksioner. Mads begyndte at føle, at han kendte Emma på en måde, som han ikke havde kendt nogen før. Der var en åbenhed og ærlighed mellem dem, som om togets hastighed og de hurtigt forbipasserende landskaber skabte et rum, hvor tiden stod stille.

Da toget nærmede sig Aarhus, faldt der en tung stilhed mellem dem. De vidste begge, at deres tid sammen snart var forbi, men alligevel følte de en dyb forbindelse – en usynlig tråd, der bandt deres oplevelser sammen.

Emma kiggede på Mads og smilede varmt. "Tak for samtalen, Mads. Jeg tror, jeg har lært noget om mig selv i dag, som jeg vil tage med mig."

Mads nikkede og følte en klump i halsen. "Det samme her, Emma. Måske vil jeg begynde at se verden lidt mere gennem dine øjne."

De udvekslede ikke telefonnumre, ingen løfter om at mødes igen. De vidste begge, at dette møde var en engangsoplevelse – en unik øjebliksbillede, som kun ville eksistere i deres minder.

Da de steg ud på perronen i Aarhus og gik hver til sit, følte de begge en stille taknemmelighed for det skæbnemøde, de havde delt. Det var en påmindelse om, at nogle gange kan selv de mest flygtige forbindelser efterlade dybe spor.

Og da Mads gik hjem den aften, vidste han, at Emma havde ændret ham, selvom hun kun var en fremmed, han havde mødt på en togrejse. I sit hjerte ville han altid bære skyggen af hendes latter, hendes ord og de små øjeblikke, de havde delt i toget på vej mod Aarhus.

At the Station

M ads checked his watch and sighed. It was a little past seven, and the train to Aarhus was delayed. He leaned back on the bench at Copenhagen Central Station and gazed out over the platform. It was a typical autumn evening; the air was cold and damp, and he could see his breath with each exhale. Pulling his coat tighter around himself, he felt a slight unease—a restlessness he couldn't quite explain.

Suddenly, his thoughts were interrupted by a voice beside him. "Excuse me, is this the train to Aarhus?" asked a woman. She looked to be in her early thirties, with short curly hair and a painter's bag slung over her shoulder. Mads nodded and gave a polite smile.

"Yes, it should be here soon—though it looks like it's running a bit late," he replied.

The woman sat down next to him and looked out over the tracks. "Figures," she murmured with a smile. "I'm Emma, by the way."

"Mads," he said, extending his hand. They exchanged a firm handshake and fell silent for a moment, both listening to the distant rumble of trains and the hum of people on the platform.

When the train finally arrived, they boarded and found seats beside each other. Emma pulled her painter's bag onto her lap and carefully opened it. She began to look through some sketches she'd made earlier that day. Mads watched her in silence, feeling drawn to her calm, carefree manner.

"Are you an artist?" he asked.

Emma nodded. "Yes, I paint and sketch. I love traveling and capturing small moments from different places. It reminds me that even the smallest details can be beautiful."

Mads smiled and nodded. "I'm an engineer. I work with building structures, so I guess I see the world a little differently—more structurally, you could say."

Emma chuckled softly. "Ah, so you create the structure, while I try to see the beauty within it. It's interesting how two people can look at the same thing and see something completely different."

As the train sped through the landscape, the conversation began to flow naturally between them. Mads talked about childhood memories from the countryside, where he'd always dreamed of building something grand and significant. Emma shared stories from her travels and the places she'd visited that had inspired her art.

"Have you ever thought about how we can meet people who change us, even if we only know them briefly?" Emma asked, gazing out the window. "As if they come into our lives at just the right moment."

Mads thought for a moment and nodded. "Maybe it's because they see something in us that we can't see in ourselves. Or maybe they make us think about our lives in a new way."

Emma smiled thoughtfully. "Yes, that's true. For example, right now... I've always been afraid of structure and order—I thought it would stifle my freedom as an artist. But you make me see that there can also be beauty in structure. That it can bring me peace and stability."

Mads frowned slightly, feeling her words resonate deeply. He had always clung to control and order in his life—as if the structure in his work and daily routine gave him a sense of security. But in Emma's stories of freedom and art, he found something he hadn't considered before.

"I think you're right," he said slowly. "Maybe sometimes we need to let go and just let things happen. Maybe it's in the small, random encounters that we really learn something about ourselves."

The train rolled on toward Aarhus, and they shared more stories and reflections. Mads began to feel as though he knew Emma in a way he hadn't known anyone else before. There was an openness and honesty between them, as if the train's speed and the rapidly passing landscapes created a space where time stood still.

As the train neared Aarhus, a heavy silence fell between them. They both knew their time together was nearly over, yet they felt a deep connection—a thread that seemed to bind their experiences together.

Emma looked at Mads and smiled warmly. "Thank you for the conversation, Mads. I think I learned something about myself today that I'll carry with me."

Mads nodded, feeling a lump in his throat. "The same here, Emma. Maybe I'll start seeing the world a little more through your eyes."

They didn't exchange phone numbers, nor did they make any promises to meet again. They both understood that this encounter was a one-time experience—a unique moment that would exist only in their memories.

When they stepped onto the platform in Aarhus and went their separate ways, they each felt a quiet gratitude for the fateful meeting they'd shared. It was a reminder that sometimes, even the briefest connections can leave lasting impressions.

And as Mads walked home that evening, he knew that Emma had changed him, even though she was just a stranger he'd met on a train journey. In his heart, he would always carry the echo of her laughter, her words, and the small moments they had shared on the train bound for Aarhus.

Fru Hansens Have

Liv kiggede over hækken, som adskilte hendes lille gård fra Fru Hansens vidunderlige have. Liv havde altid været fascineret af haven, der bugnede med blomster i alle regnbuens farver, store grønne buske, og små stier, som førte til små kroge og skjulte hjørner. Det var et lille paradis, der lignede noget fra en anden tid – stille og fyldt med ro.

Fru Hansen, en ældre dame med sølvgråt hår og varme øjne, havde boet i det samme lille hus hele sit liv. Hun havde plejet sin have med kærlighed og omhu i årevis, og haven var blevet en forlængelse af hende selv. Hver blomst, hver sten og hver busk var omhyggeligt udvalgt og placeret med præcision og omsorg.

Liv havde haft det svært på det sidste. Hun følte sig ofte alene og trist, og tankerne om fremtiden fyldte hende med uro. Men en dag, da hun kiggede over hækken og beundrede haven, opdagede Fru Hansen hende og vinkede hende hen.

"Kom ind, Liv," sagde Fru Hansen med et venligt smil. "Du kan hjælpe mig med at plante de nye forårsblomster."

Liv tøvede først, men Fru Hansens varme smil fik hende til at slappe af. Hun gik ind i haven og mærkede straks en fred, hun ikke havde følt i lang tid. Fru Hansen rakte hende en lille planteske og viste hende, hvordan hun skulle grave jorden, forsigtigt sætte blomsterne i og dække rødderne, så de stod godt fast.

"Planter er ligesom mennesker, Liv," sagde Fru Hansen med et glimt i øjet. "De har brug for omsorg, lys og lidt tid for at kunne blomstre."

Fra den dag af begyndte Liv at komme forbi hver eftermiddag for at hjælpe i haven. Fru Hansen lærte hende om de forskellige blomster og planter, om hvornår de skulle plantes og hvordan de skulle passes. Liv lærte at kende forskel på lavendel og rosmarin, på tulipaner og påskeliljer. Hun lærte, hvordan nogle blomster kræver sollys, mens andre trives bedst i skyggen.

Som dagene gik, begyndte Liv at åbne sig for Fru Hansen og fortalte hende om sin uro og sine bekymringer. Fru Hansen lyttede med tålmodighed og delte sin egen livserfaring, fyldt med visdom og ro.

"Du ved, Liv," sagde Fru Hansen en dag, mens de sad på en bænk i skyggen af et gammelt æbletræ, "livet kan være ligesom at passe en have. Nogle gange virker alt gråt og trist, men hvis du har tålmodighed og plejer jorden, vil der komme blomster igen. Små rutiner, som at vande planterne og plukke visne blade, kan være en slags trøst."

Liv mærkede, hvordan hendes hjerte begyndte at lette lidt. De små rutiner i haven, det langsomme og omhyggelige arbejde, begyndte at give hende en følelse af formål og ro. Hun fandt trøst i at plante og pleje, og hun begyndte at se skønheden i de små detaljer – en knopp, der sprang ud, en bi, der summede omkring en blomst, eller duften af friske urter.

Sommer gik over i efterår, og Liv og Fru Hansen tilbragte stadig tid sammen i haven. Fru Hansen begyndte at blive lidt mere træt og måtte ofte hvile sig, men hendes øjne lyste stadig op, når hun så på blomsterne og på Liv, der nu selvstændigt passede dele af haven.

En dag gav Fru Hansen hende en lille pakke frø. "Her," sagde hun. "Plant disse i din egen have. De vil minde dig om, at du altid har evnen til at skabe noget smukt, uanset hvor svært det ser ud."

Liv tog imod frøene med taknemmelighed og lovede at passe dem godt. Hun vidste, at hun havde fået en gave, der var meget mere end blot frø – hun havde fået et venskab, visdom og en ny måde at se livet på.

Da vinteren kom, gik Liv ofte ud i sin egen lille have og så på de spirende skud fra de frø, hun havde plantet. Hun følte sig ikke længere så alene, og hun vidste, at haven – både hendes egen og Fru Hansens – altid ville være der som et sted for ro, håb og heling.

Mrs. Hansen's Garden

Liv peered over the hedge that separated her little yard from Mrs. Hansen's enchanting garden. She had always been fascinated by it—a garden brimming with flowers in every color of the rainbow, lush green bushes, and winding paths that led to cozy nooks and hidden corners. It was like a small paradise, as if from another time—quiet and full of peace.

Mrs. Hansen, an elderly woman with silver-gray hair and kind eyes, had lived in the same little house her entire life. She had tended to her garden with love and care for years, and it had become an extension of herself. Every flower, every stone, and every bush had been chosen and placed with precision and thoughtfulness.

Recently, Liv had been going through a rough patch. She often felt lonely and sad, with worries about the future filling her with anxiety. But one day, as she admired the garden from over the hedge, Mrs. Hansen noticed her and waved her over.

"Come in, Liv," Mrs. Hansen said with a warm smile. "You can help me plant the new spring flowers."

Liv hesitated at first, but Mrs. Hansen's gentle smile made her feel at ease. She entered the garden, immediately feeling a sense of calm she hadn't felt in a long time. Mrs. Hansen handed her a small trowel and showed her how to dig into the soil, gently place the flowers in, and cover their roots so they were secure.

"Plants are a bit like people, Liv," Mrs. Hansen said with a twinkle in her eye. "They need care, light, and a bit of time to blossom."

From that day on, Liv began to visit every afternoon to help in the garden. Mrs. Hansen taught her about the different flowers and plants, when to plant them, and how to take care of them. Liv learned to tell the difference between lavender and rosemary, between tulips and daffodils. She learned that some flowers needed sunlight, while others thrived in the shade.

As the days passed, Liv began to open up to Mrs. Hansen, sharing her worries and fears. Mrs. Hansen listened patiently, offering her own life experiences, filled with wisdom and calm.

"You know, Liv," Mrs. Hansen said one day as they sat on a bench in the shade of an old apple tree, "life can be a bit like taking care of a garden. Sometimes, everything feels gray and bleak, but if you're patient and tend to the soil, flowers will bloom again. Simple routines, like watering plants and picking off wilted leaves, can be comforting."

Liv felt her heart lighten a little. The small routines in the garden, the slow and careful work, started to give her a sense of purpose and peace. She found comfort in planting and caring for the flowers, noticing the beauty in small details—a bud opening, a bee buzzing around a blossom, or the scent of fresh herbs.

Summer turned to fall, and Liv and Mrs. Hansen continued spending time in the garden. Mrs. Hansen began to tire more easily and often needed to rest, but her eyes still lit up whenever she looked at the flowers or at Liv, who now cared for parts of the garden on her own.

One day, Mrs. Hansen handed her a small packet of seeds. "Here," she said. "Plant these in your own garden. They'll remind you that you always have the ability to create something beautiful, no matter how difficult things may seem."

Liv accepted the seeds gratefully, promising to take good care of them. She knew she had received a gift that was much more than just seeds—a gift of friendship, wisdom, and a new way of seeing life.

When winter came, Liv often went out to her own small garden, looking at the tiny shoots sprouting from the seeds she had planted. She no longer felt as lonely, and she knew that the garden—both her own and Mrs. Hansen's—would always be there as a place of peace, hope, and healing.

Den Anden Side Af Åen

Søren sad på en bænk ved floden og stirrede på den gamle bro, som havde fascineret ham, siden han første gang havde hørt om den. Broen strakte sig elegant over åen, slidt af tidens tand og de utallige skridt, der havde betrådt dens sten. Rygterne gik, at den var blevet bygget af en mystisk arkitekt, hvis navn og baggrund forblev en gåde, og Søren, en pensioneret historiker, var blevet grebet af tanken om at afdække denne bro's hemmeligheder.

Hans interesse for historien havde altid været drevet af en trang til at forstå, ikke bare fortiden, men også sig selv og de beslutninger, der havde ført ham gennem livet. Nu, i sine ældre år, fandt han det nærmest umuligt at adskille sin egen historie fra byens – som om hver eneste sti og gade mindede ham om øjeblikke, der for længst var forbi, men stadig levede i hans minder.

Søren begyndte at forske i broens oprindelse og talte med de lokale, især de ældre, der havde boet i byen hele deres liv. De fortalte historier om broen, der alle var en blanding af sandhed og myte. En kvinde hævdede, at broen kun var synlig på særlige tidspunkter af dagen; en anden mente, at man kunne høre mærkelige lyde, hvis man stod stille midt på broen ved midnat.

Men ingen kunne sige noget med sikkerhed om broens arkitekt. Der var intet nævnt om ham i byens arkiver, ingen inskriptioner på selve broen og ingen tegninger, der kunne give ham et navn eller et ansigt.

Søren vidste dog, at historier ofte fortalte mere, end de tilsyneladende afslørede. Han begyndte at se broen som et symbol, en metafor for de usynlige forbindelser mellem fortiden og nutiden.

En dag, da Søren endnu engang sad ved broen, huskede han et øjeblik fra sin ungdom. Han havde været ung og fuld af drømme, men også rastløs og splittet. Han mindedes en aften, hvor han stod midt på denne bro og havde en følelse af at stå mellem to verdener – en, der lå bag ham, og en anden, der endnu ventede. Han huskede den klare nat og de rolige bølger under ham, og hvordan han dengang var fyldt med usikkerhed om fremtiden. Den aften havde han besluttet at forlade byen og rejse ud for at søge en karriere, der ville give hans liv betydning. Men han havde altid båret en længsel med sig, som en svag strøm i sin sjæl.

Det gik op for ham, at broen havde været et punkt i hans liv, hvor hans fortid og fremtid mødtes, ligesom den nu var blevet et knudepunkt for hans minder. Den usynlige arkitekt, tænkte han, kunne lige så godt være ham selv – en, der havde bygget broer mellem det han havde været, og det han var blevet.

I ugerne efter sin opdagelse begyndte Søren at tage sine gamle noter og dagbøger frem, læse igennem sine egne minder og forsøge at forlige sig med de valg, han havde truffet. Han besøgte steder i byen, der havde betydet noget for ham, og talte med gamle venner, nogle af dem han ikke havde set i årtier.

Broen var nu blevet en del af ham på en måde, han aldrig kunne have forestillet sig. Den repræsenterede ikke bare et stykke af byens historie, men også hans egen rejse, hans eget brobyggeri gennem tiden. Ved at dykke ned i byens legender havde han fundet en bro til sin egen fortid og dermed en forståelse af, hvad det betød at blive ældre og erkende sin plads i historien.

Søren afsluttede aldrig sin formelle forskning om broens arkitekt, men det generede ham ikke længere. Han vidste, at nogle mysterier ikke var skabt for at blive løst med konkrete beviser eller navne, men snarere for at vække refleksion og forståelse.

Når han nu gik over broen, følte han en stille tilfredshed. Broen havde givet ham noget, han ikke havde ledt efter, men som han havde haft brug for – en forståelse af, at hans eget liv var en del af en større fortælling, og at forbindelsen mellem fortid og nutid ikke altid kunne måles, men skulle føles.

The Other Side of the River

S øren sat on a bench by the river, staring at the old bridge that had fascinated him ever since he first heard of it. The bridge stretched elegantly across the river, worn by time and by countless steps that had trodden its stones. Rumor had it that it was built by a mysterious architect whose name and background remained a mystery, and Søren, a retired historian, had become captivated by the thought of uncovering the secrets of this bridge.

His interest in history had always been driven by a desire to understand not only the past but also himself and the decisions that had led him through life. Now, in his older years, he found it almost impossible to separate his own story from that of the town — as if every path and street reminded him of moments long past, yet still alive in his memories.

Søren began researching the bridge's origins, speaking with locals, especially the elderly who had lived in the town all their lives. They told stories about the bridge, each one a blend of truth and myth. One woman claimed the bridge was only visible at certain times of day; another insisted you could hear strange sounds if you stood still in the middle of the bridge at midnight.

But no one could say anything with certainty about the bridge's architect. There was no mention of him in the town's records, no inscriptions on the bridge itself, and no sketches that could give him a name or a face.

Søren, however, knew that stories often revealed more than they appeared to. He began to see the bridge as a symbol, a metaphor for the invisible connections between past and present.

One day, as Søren once again sat by the bridge, he remembered a moment from his youth. He had been young and full of dreams, but also restless and divided. He recalled an evening when he stood in the middle of this bridge, feeling as if he were standing between two worlds — one behind him and another yet to come. He remembered the clear night, the gentle waves beneath him, and the uncertainty he'd felt about the future. That night, he'd decided to leave the town and set out to build a career that would give his life meaning. Yet he had always carried a longing with him, like a faint current in his soul.

It dawned on him that the bridge had been a point in his life where his past and future had met, just as it had now become a focal point for his memories. The unknown architect, he thought, could just as easily be himself — someone who had built bridges between who he had been and who he had become.

In the weeks following this realization, Søren began going through his old notes and journals, reading through his own memories, and trying to make peace with the choices he'd made. He visited places in town that had meant something to him and spoke with old friends, some he hadn't seen in decades.

The bridge had now become part of him in a way he never could have imagined. It represented not only a piece of the town's history but also his own journey, his own bridge-building through time. By delving into the town's legends, he had found a bridge to his own past, and through that, an understanding of what it meant to grow older and recognize his place in history.

Søren never completed his formal research into the bridge's architect, but that no longer bothered him. He knew that some mysteries were not meant to be solved with concrete evidence or names but rather to inspire reflection and understanding.

Now, when he walked across the bridge, he felt a quiet satisfaction. The bridge had given him something he hadn't been looking for but that he needed — an understanding that his own life was part of a larger story, and that the connection between past and present could not always be measured but had to be felt.

Farvel til Malene

Thomas stod ved indgangen til den lille landsbykirke, usikker på, om han skulle gå ind. Det var mange år siden, han sidst havde været her, og selvom minderne stadig var levende, føltes de som glimt fra et andet liv. Malenes liv. Han havde hørt om hendes død gennem en gammel bekendt og vidste, at han måtte komme. Det var en sidste chance for at sige farvel til sin første kærlighed.

Indenfor var kirken fyldt med mennesker, som alle havde haft en plads i Malenes liv. Thomas genkendte nogle ansigter; gamle venner og bekendte, som han en gang havde delt sin ungdom med. Da han satte sig bagerst, kunne han ikke undgå at lade tankerne glide tilbage til den tid, hvor han og Malene havde haft planer om en fremtid sammen – en fremtid, han for længst havde forladt.

Thomas huskede tydeligt, hvordan de havde mødt hinanden. Malene havde været hans første altopslugende kærlighed. Hun var varm og generøs, med en latter, der kunne fylde et helt rum. De havde talt om alt og intet i timevis, og det føltes som om, de kunne erobre verden sammen. Men da Thomas fik muligheden for at flytte til København for at forfølge sin karriere, valgte han ambitionerne over kærligheden.

Han mindedes de mange gange, hun havde bedt ham om at blive. Hvordan hun havde set på ham med sine store, sorgfulde øjne og spurgt, om han virkelig måtte rejse. Og han havde lovet at vende tilbage, lovet, at det kun var midlertidigt. Men tiden gik, og afstanden mellem dem voksede. Til sidst gled de fra hinanden, og hun stoppede med at skrive. Han havde aldrig mødt en kvinde som hende siden.

Begravelsen var enkel, præsten talte om Malene som en person, der havde rørt mange liv. Thomas lyttede, men ordene flød forbi ham som en fjern mumlen. Han havde travlt med at genopleve øjeblikke fra deres tid sammen. Sommeraftener ved søen, lange gåture gennem markerne, de drømme, de engang havde delt.

Efter ceremonien gik Thomas udenfor og fandt sig selv stående alene ved Malenes grav. Han følte sig både skyldig og fortvivlet. Skulle han have valgt anderledes? Hans karriere havde givet ham alt, hvad han havde ønsket sig, men alligevel stod han her og følte et tomrum, som ingen succes kunne fylde.

Mens han stod der, blev han opsøgt af Lene, en af deres fælles venner fra dengang. Hun smilede trist til ham. "Du kom," sagde hun stille.

"Jeg måtte," svarede han, uden at være sikker på, om det var sandt. "Hun betød meget for mig."

Lene nikkede forstående og så på ham med en blanding af varme og vemod. "Hun talte ofte om dig, selv efter I gled fra hinanden. Jeg tror aldrig, hun holdt op med at håbe, at du en dag ville vende tilbage."

Ordene ramte Thomas hårdere, end han havde ventet. Malene havde aldrig holdt op med at håbe. Den viden gjorde ondt, og han følte en bølge af sorg skylle over sig – en sorg over, hvad der kunne have været, og hvad der aldrig ville blive.

Da han senere kørte væk fra kirken, følte han sig ændret. At tage afsked med Malene havde vækket en erkendelse i ham. Han havde valgt sin vej i livet, men i processen havde han mistet noget dyrebart. Han havde forladt Malene for at opnå succes, men i sidste ende havde han ofret noget, som ingen karriere kunne give tilbage.

Det var en tung følelse, men også en, der mindede ham om, hvad det betød at være menneske – at vælge, at elske, og at leve med de valg, man træffer. Farvellet til Malene blev dermed en påmindelse om livets skrøbelighed og det faktum, at vi aldrig kan få alting med os.

Da han så landsbyens lys forsvinde i bakspejlet, vidste han, at han måtte tage den viden med sig.

Farewell to Malene

Thomas stood at the entrance of the small village church, unsure if he should go inside. It had been many years since he had last been here, and though the memories were still vivid, they felt like glimpses from another life—Malene's life. He had heard of her death through an old acquaintance and knew he had to come. This was his last chance to say goodbye to his first love.

Inside, the church was filled with people, each of whom had been part of Malene's life. Thomas recognized some faces: old friends and acquaintances with whom he had once shared his youth. As he sat at the back, he couldn't help but let his thoughts drift back to a time when he and Malene had made plans for a future together—a future he had long since left behind.

Thomas remembered clearly how they had met. Malene had been his first all-consuming love. She was warm and generous, with a laugh that could fill an entire room. They had talked about everything and nothing for hours, and it felt as if they could conquer the world together. But when Thomas had the opportunity to move to Copenhagen to pursue his career, he chose ambition over love.

He remembered the many times she had begged him to stay. How she had looked at him with her big, sorrowful eyes and asked if he really had to go. And he had promised to return, promised it was only temporary. But time passed, and the distance between them grew. Eventually, they drifted apart, and she stopped writing. He had never met another woman like her.

The funeral was simple; the priest spoke about Malene as someone who had touched many lives. Thomas listened, but the words flowed past him like a distant murmur. He was busy reliving moments from their time together—summer evenings by the lake, long walks through the fields, the dreams they had once shared.

After the ceremony, Thomas went outside and found himself standing alone by Malene's grave. He felt both guilt and despair. Should he have chosen differently? His career had given him everything he had wanted, yet here he stood, feeling an emptiness that no success could fill.

As he stood there, he was approached by Lene, a friend they had shared from those days. She smiled sadly at him. "You came," she said quietly.

"I had to," he replied, though he wasn't sure if that was true. "She meant a lot to me."

Lene nodded in understanding, looking at him with a mixture of warmth and sorrow. "She often talked about you, even after you drifted apart. I don't think she ever stopped hoping that you'd come back one day."

The words hit Thomas harder than he had expected. Malene had never stopped hoping. The knowledge hurt, and he felt a wave of grief wash over him—a grief for what could have been and what would never be.

Later, as he drove away from the church, he felt changed. Saying goodbye to Malene had awakened a realization in him. He had chosen his path in life, but in the process, he had lost something precious. He had left Malene to achieve success, but in the end, he had sacrificed something that no career could ever give back.

It was a heavy feeling, but one that reminded him of what it meant to be human—to choose, to love, and to live with the choices one makes. His farewell to Malene became a reminder of life's fragility and the fact that we can never have everything.

As he watched the village lights fade in his rearview mirror, he knew he had to carry that knowledge with him.

Når Klokken Slår Tolv

Birgitte skubbede døren op til den lille urforretning på en af Københavns snoede gader, og en lille klokke over døren gav et lavt, velkendt kling. Butikken duftede som altid af poleret træ og metalolie, og i vinduerne stod ure i alle former og størrelser. Der var noget beroligende og tidløst over stedet, som altid trak hende tilbage.

Bag disken stod Anders, butiksejeren, en ældre mand med et nænsomt smil og en næse, der syntes lidt for stor til hans ansigt. Hans hænder var rolige, men markeret af et liv i arbejde, og Birgitte kunne ikke undgå at bemærke, hvordan han altid bar sig selv med en stille, næsten sky, elegance.

"Goddag, Birgitte," hilste han med et lille nik, da han så hende træde ind. "Tilbage igen?"

"Ja, jeg kan ikke holde mig væk," lo hun og kiggede rundt i butikken. Hendes blik landede hurtigt på et usædvanligt ur, hun havde set før. Det var et gammelt, sort ur, og det så ud til at have noget særligt over sig. Tallene på urskiven var lidt slidte, og det lignede næsten et arvestykke, som om det bar på hemmeligheder fra en svunden tid.

"Det der ur..." begyndte Birgitte og pegede på det sorte ur, "hvorfor slår det tolv på de mærkeligste tidspunkter?"

Anders smilede skævt og kiggede på uret. "Ah, du har bemærket det. Det er et særligt ur, det der. Et ur, som ikke følger tiden på samme måde som de andre."

Birgitte blev straks endnu mere nysgerrig. "Hvorfor? Hvad er historien bag det?"

Anders satte sig bag disken og indikerede, at hun skulle sætte sig ned. "Det er en lang historie," advarede han. "Men jeg tror, du vil kunne lide den."

Birgitte satte sig spændt til rette og lænede sig frem for at lytte.

"Uret kom til mig for mange år siden," begyndte Anders. "Det blev givet til mig af en gammel ven, en urmager ved navn Karl, som jeg arbejdede sammen med engang. Karl var noget af en særling, men han var også en mand med hjertet på rette sted. Han havde skabt dette ur til sin kone, Anna. Anna var syg, og Karl tilbragte mange nætter med at finjustere og arbejde på uret, så det skulle være noget helt særligt. Det skulle minde hende om de gode tider, selv når hun havde det svært."

Birgitte sad stille og lyttede. "Og hvorfor slår det tolv på tilfældige tidspunkter?"

Anders kiggede på hende med et dybt blik. "Karl fortalte mig, at han indstillede uret til at slå tolv, når han tænkte på sin kone – selv når han ikke var i nærheden. Det var som en lille påmindelse om deres kærlighed og om at værdsætte hver eneste dag. Han mente, at tolvslaget var et symbol på noget nyt. Et tidspunkt, hvor tingene kan vende, hvor noget kan ændre sig."

Birgitte betragtede uret og tænkte over historien. Der var en vemodig skønhed i ideen om et ur, der minder én om de mennesker, man elsker. Et ur, der på sin egen måde kunne hele hjerter.

Birgitte blev ved med at komme tilbage til butikken for at høre mere om Karl og Anna, og for at mærke den ro, som stedet gav hende. Hun begyndte at betragte Anders ikke bare som en butiksindehaver, men som en ven. Hun forstod nu, hvorfor han holdt fast i det gamle ur, selvom det måske var upålideligt for en almindelig kunde. Det var som om, uret selv havde en sjæl.

En dag, da klokken endnu engang slog tolv uden nogen åbenlys grund, kiggede Birgitte på Anders. "Hvordan endte det med Karl og Anna?"

Anders sukkede og trak på skuldrene. "Anna gik bort for mange år siden. Karl blev ved med at arbejde på uret, men han gav det til mig, da han selv blev syg. Han bad mig tage mig godt af det, og jeg har gjort mit bedste."

Birgitte nikkede forstående og følte en klump i halsen. "Måske," sagde hun blidt, "måske slår det stadig tolv for Karl og Anna. Som en slags hilsen fra en verden, vi ikke helt kan forstå."

Den dag, da Birgitte forlod butikken, havde hun en følelse af fred i sig. Det gamle ur havde mindet hende om noget dyrebart – om tidens gang, om dem, vi mister, og om dem, vi holder fast i gennem minderne.

Når klokken slog tolv, ville hun altid tænke på Karl og Anna, og den kærlighed, der fortsatte på trods af alt.

When the Clock Strikes Twelve

———

Birgitte pushed open the door to the small clock shop on one of Copenhagen's winding streets, and a gentle, familiar chime sounded from the little bell above the door. The shop smelled, as always, of polished wood and metal oil, and clocks of all shapes and sizes lined the windows. There was something soothing and timeless about the place that always drew her back.

Behind the counter stood Anders, the shop owner, an older man with a gentle smile and a nose that seemed a bit too big for his face. His hands were steady, marked by years of work, and Birgitte couldn't help but notice the quiet, almost shy elegance with which he carried himself.

"Good day, Birgitte," he greeted her with a small nod when he saw her enter. "Back again?"

"Yes, I can't seem to stay away," she laughed, looking around the shop. Her gaze quickly settled on an unusual clock she'd noticed before. It was an old black clock, and there was something special about it. The numbers on the dial were a bit worn, and it looked almost like an heirloom, as if it held secrets from another time.

"That clock…" Birgitte began, pointing to the black clock, "why does it strike twelve at the strangest times?"

Anders smiled wryly and glanced at the clock. "Ah, you've noticed it. That's a special clock, that one. A clock that doesn't follow time quite like the others."

Birgitte's curiosity grew. "Why? What's the story behind it?"

Anders settled down behind the counter and motioned for her to take a seat. "It's a long story," he warned. "But I think you'll enjoy it."

Birgitte eagerly took her seat, leaning forward to listen.

"The clock came to me many years ago," Anders began. "It was given to me by an old friend, a watchmaker named Karl, whom I once worked with. Karl was a bit of an oddball, but he was also a man with a good heart. He made this clock for his wife, Anna. Anna was ill, and Karl spent many nights fine-tuning and working on the clock to make it truly special. He wanted it to remind her of the good times, even when things were hard."

Birgitte sat quietly, listening. "And why does it strike twelve at random times?"

Anders looked at her with a deep gaze. "Karl told me he set the clock to strike twelve whenever he thought of his wife – even when he wasn't nearby. It was like a little reminder of their love and of cherishing every single day. He believed that twelve o'clock symbolized something new. A moment when things could turn, when something could change."

Birgitte gazed at the clock, contemplating the story. There was a bittersweet beauty in the idea of a clock that reminds one of loved ones. A clock that, in its own way, could heal hearts.

Birgitte continued to visit the shop, drawn by more stories about Karl and Anna and by the calm that the place gave her. She began to see Anders not just as a shop owner but as a friend. She understood now why he held on to the old clock, even though it might be unreliable for a regular customer. It was as if the clock itself had a soul.

One day, as the clock once again struck twelve without any clear reason, Birgitte looked at Anders. "How did things end for Karl and Anna?"

Anders sighed and shrugged. "Anna passed away many years ago. Karl continued to work on the clock, but he gave it to me when he became ill himself. He asked me to take good care of it, and I've done my best."

Birgitte nodded, feeling a lump in her throat. "Maybe," she said softly, "maybe it still strikes twelve for Karl and Anna. Like a sort of greeting from a world we can't fully understand."

That day, as Birgitte left the shop, she felt a sense of peace within her. The old clock had reminded her of something precious – of the passage of time, of those we lose, and of those we hold on to through memories.

Whenever the clock struck twelve, she would always think of Karl and Anna and the love that continued on despite everything.